AF454226

LA NOUVELLE INATTENDUE,

OU

LA REPRISE DE L'ITALIE;

Vaudeville impromptu en un acte, du citoyen BONEL.

Représenté pour la première fois, sur le Théâtre des Troubadours ;

En présence du Consul CAMBACÉRÈS, *Le 12 Messidor au 8.*

Cette Pièce a été jouée deux fois le jour de sa première représentation.

A PARIS;

DE L'IMPRIMERIE DE S.-A. HUGELET,
RUE DES FOSSÉS S. JACQUES, N° 4.

AN VIII.

(4)

<table>
<tr><td>PERSONNAGES.</td><td>ACTEURS.</td></tr>
<tr><td>DURMER, négociant ruiné par des malheurs.</td><td>DELPECH.</td></tr>
<tr><td>JULIE, sa Fille.</td><td>Mme DELAPORTE.</td></tr>
<tr><td>LÉLIO, Réfugié italien.</td><td>FRÉDÉRIC.</td></tr>
<tr><td>SURINVILLE, riche homme d'Affaires, fat suranné.</td><td>LÉGER.</td></tr>
<tr><td>LINVAL, colonel de dragons, oncle de Julie.</td><td>SAINT-LÉGÉ.</td></tr>
<tr><td>UN VALET.</td><td>ARMAND.</td></tr>
</table>

La Scène se passe à Marseille.

COUPLET D'ANNONCE.

AIR : *J'ai vu partout dans mes voyages.*

Des héros, l'honneur de la France,
Pour tracer les brillans succès ;
L'auteur a besoin d'indulgence
En célébrant tant de hauts-faits.
Il falloit, pour peindre leur gloire,
Et réussir en cet instant,
Sur les ailes de la Victoire
Saisir une plume en passant.

Je déclare avoir cédé au citoyen HUGELET la Pièce ayant pour titre : *la Nouvelle inattendue*, ou *la Reprise de l'Italie*, Vaudeville-Impromptu en un acte ; laquelle Pièce il peut imprimer, vendre et faire vendre en tel nombre d'exemplaires qu'il lui plaira, me réservant les droits d'Auteur par chaque représentation qu'on pourra donner.

Paris, ce 14 Messidor, an 8 de la république.

Signé BONEL.

Je déclare que je poursuivrai tous contrefacteurs et distributeurs d'édition contrefaites qui ne porteroient pas le fleuron qui est au frontispice de la présente Comédie, et qui indique les lettres initiales de mon nom.

S.-A. HUGELET.

LA NOUVELLE
INATTENDUE,
OU
LA REPRISE DE L'ITALIE.

Le Théatre représente un Salon.

SCÈNE PREMIÈRE.
DURMER, SURINVILLE.

SURINVILLE.

ENFIN, mon cher Durmer, décidez-vous, car malgré toute ma bonne volonté, je ne répondrais pas de contenir plus long-temps vos créanciers.

DURMER.

Quoi, monsieur !

SURINVILLE.

Vous savez à quel'e condition je me suis chargé d'arrêter leurs poursuites ; vous êtes un honnête homme, c'est prouvé ; vous êtes malheureux, j'en conviens ; mais c'est de l'argent qu'il leur faut, j'en ai ; donnez-moi la main de votre aimable fille, et dès ce jour même, vos affaires seront arrangées.

DURMER.

Dois je acheter mon bonheur aux dépens de celui de ma fille ? d'ailleurs, ne l'ai-je pas promise ?

SURINVILLE.

A ce Télio, n'est-ce pas ? Ce jenne Italien refugié qui, blessé dans la dernière campagne, est resté depuis ce temps chez vous ? Le choix est beau, ma foi !

DURMER.

Mais à un caractère excellent, il joint une fortune considérable.

SURINVILLE.

Oui, mais dont il ne touchera de long-temps un centime.

A

DURMER.

Eh ! pourquoi ? parce qu'ayant pris le parti des Français, il ne peut retourner en Italie ? et que ses biens sont au pouvoir de l'ennemi ? mais oubliez-vous que l'on répand ici que nous sommes déjà maîtres de Milan, et que sel n les nouvelles....

SURINVILLE.

Vos nouvelles ! vous me faites rire avec vos nouvelles.

AIR : *Ce fut par la faute du sort.*

Vous avez vu dans bien des cas
Quelles nouvelles qu'on nous donne
Souvent ne réalisent pas
L'espoir où le cœur s'abandonne.

Par exemple :

Depuis long-temps, on n'entend plus
Parler que de villes conquises ;

Des siéges, des.....

DURMER, (*l'interrompant.*)

Eh, monsieur, pour des Français !

Dire qu'on en fait le blocus,
C'est annoncer qu'elles sont prises.

SURINVILLE, *s'échauffant.*

Mais vous ne connoissez donc pas la force de l'armée autrichienne ? le nombre considérable de soldats qui la composent ?

DURMER.

Je le sais.

SURINVILLE.

Eh bien ! dites-moi.

AIR : *Du vaudeville de la Revue de l'an 6.*

Qui pourroit jamais repousser
Les phalanges si formidables ?
En valeur qui peut surpasser
Des ennemis si redoutables ?
Plus que vous ayant des soldats
Leur gain est plus sûr que le vôtre.

DURMER, *avec feu.*

Monsieur, songez donc qu'ils n'ont pas
Un général comme le nôtre.

SURINVILLE.

Tout cela est fort bon ; mais, mais.....

DURMER.

AIR : *J'ai vu partout dans mes voyages.*

Je sais bien que la calomnie
Cherche à distiller son poison

Sur le héros dont le génie
N'écoute rien que la raison ;
En vain aux projets qu'elle cache
Elle voudroit s'abandonner ;
La chenille à l'arbre s'attache
Sans jamais le déraciner.

SURINVILLE.

Oui, mon cher ami, je le crois ; mais comme tout cela ne vous donne point d'argent, croyez-moi, acceptez l'offre que je vous fais en ce moment, consentez à ce que je devienne votre gendre.

DURMER.

Ne pouvez-vous m'être utile qu'à cette condition ? et la reconnoissance ne me fait-elle pas un devoir de vous refuser ?

SURINVILLE.

Comment ! la reconnoissance ?

DURMER.

N'est-ce pas à Lélio, à ses soins généreux que je dois la vie du colonel Luval, mon beau-frère ? Blessé dangereusement au siége de Tortonne, il ne seroit peut-être plus sans le secours de ce brave jeune homme, et vous voulez..... non, monsieur, ma fille lui fut promise, il est malheureux, c'est un titre de plus.

SURINVILLE.

Comme je ne puis vous voir de sang froid sacrifier votre bonheur à un préjugé idéal, à cette prétendue reconnoissance, je vous laisse y réfléchir jusqu'à ce soir ; pesez dans votre sagesse si un gendre qui peut arranger vos affaires, rétablir votre crédit, est préférable à celui qui n'a d'autre mérite que d'avoir fait ce que tout autre eut fait à sa place ; par exemple, moi j'en aurois fait autant, et une légère blessure ne m'eut point arrêté dans la brillante carrière des armes.

DURMER, (à part).

Ils se ressemblent tous. (haut). Vous êtes injuste, monsieur, et vous vérifiez bien ce que nous avons vu depuis long-temps.

Air : *Si Pauline est dans l'indigence.*

On vit dans mainte circonstance
Tous ces orateurs courageux,
Parler de combats, de vaillance ;
Mais rester paisibles chez eux.
Ah ! pour augmenter leur richesse
Aux dépens de tous les Français,
Ici, nous les vimes sans cesse
A nos vœux refuser la paix.

SURINVILLE.

Toujours l'esprit d'épigramme. Allons, décidez-vous ; si le colonel Luval étoit ici, il seroit le premier à applaudir à cette union.

DURMER.

A propos du colonel Linval, chargé de ses affaires, n'en avez-vous aucunes nouvelles ?

SURINVILLE, (à part).

Dissimulons. (haut). Aucunes ; depuis cinq mois qu'il est prisonnier dans Alexandrie, je n'ai reçu que ce paquet, dans lequel il y avoit une lettre pour vous.

DURMER.

Ce silence m'inquiète.

SURINVILLE.

Il faut l'attribuer à l'impossibilité où il se trouve d'écrire, la communication entre Marseille et Alexandrie se trouvant interceptée.

SCENE II.

LES MÊMES, UN DOMESTIQUE.

LE DOMESTIQUE, à *Durmer*.

Un homme qui a quelque chose d'important à communiquer à monsieur, voudroit lui parler.

DURMER.

J'ignore qui ce peut être. Priez-le de passer dans mon appartement, je vous suis.

LE DOMESTIQUE.

Cela suffit, monsieur. (*il sort*).

DURMER, à *Surinville*.

Vous permettez ?

SURINVILLE.

A votre aise, je reviendrai savoir ce que vous aurez décidé.

SCENE III.

SURINVILLE, *seul*.

Je me doute bien quelle est la personne qui le fait demander ; c'est sans doute un de ses créanciers que j'ai provoqué à cette démarche, pour avancer mon affaire : il va lui demander de l'argent, le presser, le menacer de prison ; notre homme aura peur, et n'ayant point d'autres ressources, il sera trop heureux de m'accepter pour gendre. Quand à l'argent, il ignore que le colonel Linval, auquel j'ai une forte somme, m'a écrit de m'en servir, d'engager même ses biens pour arranger les affaires, et sauver l'honneur de son beau-frère; ainsi donc, sans bon se délier, j'aurai le mérite d'une belle action. Oui, mais, si ces nouvelles alloient se réaliser; c'est que ces diables de Français en sont capables; le colonel Linval à son retour.... eh! qu'importe alors que la ruse soit découverte, Julie sera ma femme. Mais je crois l'entendre, c'est elle; je ne me trompe pas, l'instant est favorable, profitons-en pour lui parler de mon amour.

SCENE IV.

SURINVILLE, JULIE.

SURINVILLE.

Le hasard me favorise, mademoiselle, je vous cherchois.

JULIE.

Moi, monsieur.

SURINVILLE.

Oui, vous mademoiselle, vous que j'aime avec ardeur, avec transport, vous enfin....

JULIE, *souriant.*

Des sentimens tels que les vôtres sont flatteurs; mais dois-je....

SURINVILLE.

De grace écoutez moi; connoissez tout mon amour; laissez-moi vous chanter quelques petits vers innocens que vous m'avez inspirés; mais quelqu'un vient nous interrompre. (*a part*). C'est ce diable d'Italien, il est toujours sur ses pas.

SCENE V.

LES MÊMES, LÉLIO.

LÉLIO.

Mademoiselle, je vous salue...... Monsieur.....

SURINVILLE, *brusquement.*

Bon jour, monsieur, bon jour. (*a part*). Le fâcheux contretemps!

LÉLIO.

Je vous dérange peut-être.

JULIE.

Non, du tout; monsieur se disposoit à me chanter quelques vers...

LA NOUVELLE

SURINVILLE. .

Que j'ai composés pour mademoiselle. Vous avez comme moi ,
je le sais , des intentions.....

LELIO.

Monsieur , il seroit difficile de s'en défendre , en voyant mademoiselle.

SURINVILLE.

Eh bien ! faisons-nous la guerre en ennemis généreux. Ecoutez,
voici mes vers :

Air : *Il faut des époux assortis.*

Vous réunissez à la fois
Des talens , des vertus , des charmes,
L'amour vous remit son carquois,
Chacun aussi vous rend les armes.
Paris en juge connoisseur ,
Je le dis avec assurance ,
De Vénus, bravant la fureur
Vous eut donné la préférence.

JULIE.

On ne peut être plus galant.

LELIO.

Ni les adresser mieux.

JULIE.

Air : *De la pipe de tabac.*

Ce couplet est plein d'élégance ,
Ces vers sont faciles et doux ;
Mais pardonnez ma défiance,
Ce couplet est-il bien de vous ?

SURINVILLE.

Comment, mademoiselle , vous douteriez.....

LELIO.

Suite du couplet.

Votre demande est indiscrète ,
Ces vers ne sont point ceux d'autrui :
Je sais que monsieur les achète,
Donc je soutiens qu'ils sont à lui.

SURINVILLE, *à part.*

Ils se moquent de moi ; dissimulons, je m'en vengerai. (*haut*).
Je vois que vous voulez plaisanter ; mais de grace, mademoiselle,
un mot de votre bouche qui daigne confirmer....

JULIE.

Je vais vous parler franchement, monsieur, au lieu de vous
flatter d'un vain espoir, croyez-moi , renoncez à vos prétentions.

SURINVILLE,

SURINVILLE.

Je vous quitte, mademoiselle ; mais bien convaincu que quand vous y aurez réfléchi, vous sentirez tout l'avantage de ma proposition. D'ailleurs, l'intérêt, je dis plus, le sort de monsieur votre père en dépend. Je vous salue. (*il sort*).

SCENE VI.

LELIO, JULIE.

LELIO.

LE sort de votre père ! que veut-il dire ?

JULIE.

Je l'ignore ; mais vous-même, mon cher Lélio, d'où vient l'air sombre que je remarque en vous depuis quelques jours ; vous n'êtes plus le même, plus de promenades, plus de musique. Vous avez quelque chose, et vous le cachez à votre amie ; ah ! Lélio, cela n'est pas bien.

LELIO.

Ce reproche est flatteur, puisqu'il me prouve votre amour ; mais vous vous trompez.

AIR : *Vous me plaignez, ma douce amie*

Qui pourroit causer ma tristesse ?
Quand je trouve au gré de mon cœur
Près de l'objet de ma tendresse
En ces lieux le parfait bonheur ?
Les plaisirs marchent sur vos traces,
Et sur vos pas naissent les fleurs ;
On ne vit jamais près des Grâces
Les ennuis, les soucis, les pleurs.

JULIE.

Mon cœur vous sait gré de ces sentimens ; mais tenez, mon cher Lélio, je le vois, vous soupirez après le moment fortuné où il vous sera permis de revoir le pays qui vous a vu naître ; ce sentiment est naturel ; mais songez, mon ami, que l'armée française marche à sa délivrance, et peut-être déjà.....

LÉLIO.

Mon cœur n'ose se livrer à cet heureux espoir. Tant d'obstacles à surmonter m'effrayent.

JULIE.

Il n'en est point pour des Français commandés par un chef intrépide.

B

Air : *Du vaudeville de Marot.*

Tout vous donne ici l'assurance
Que nous serons victorieux ;
Ses talens, son nom, sa vaillance,
En sont des garans précieux.
A des victoires immortelles
Son bras ne s'arrête jamais,
La gloire lui prête ses ailes
Pour voler à d'autres succès.

LÉLIO.

Que cet espoir a de charmes pour moi.

JULIE.

Il se réalisera, mon ami, n'en doutez pas ; malgré les envieux qui toujours constans dans leur marche, cherchent à obscurcir la gloire d'un grand homme ; mais ne le savons-nous pas ?

Air : *Femmes voulez vous éprouver ?*

On peut chercher à dénigrer
Par une affreuse médisence
Celui qui cherche à réparer
Nos malheurs par la bienfaisance.
Jamais par l'intrigue séduit,
A bien des gens il doit déplaire :
Car ce n'est qu'aux arbres à fruit
Que les enfans jettent la pierre.

Quelqu'un vient.

LÉLIO.

C'est votre père.

JULIE.

Il paroît bien agité.

SCENE VII.

LES MÊMES, DURMER.

DURMER.

Bon jour, ma fille, bon jour, mon cher Lélio.

LÉLIO.

Monsieur, je vous salue ; mais votre visage est altéré ?

JULIE.

En effet, mon père, qu'avez-vous donc ?

DURMER.

Il n'est plus temps de le taire. En vain j'ai voulu vous le cacher. Linval seul le savoit, et sans sa captivité, je serois moins à plain-

dre ; mes enfans , je suis ruiné. Des banqueroutes , des malheurs
qu'il seroit trop long de vous raconter m'ont fait contracter des
dettes ; le terme est expiré , et peut-être dans une heure . . . .

JULIE.

Grands dieux ! qu'entends-je ?

DURMER.

Il ne me reste que peu de temps pour me soustraire aux poursuites de mes créanciers. Je viens d'en être prévenu. Tu me sui-
vras , ma fille , ton père malheureux ne t'en sera pas moins cher ;
tu ne ressembles pas à ces enfans dénaturés qui délaissent leur pa-
rens dans l'infortune.

LÉLIO.

De pareils êtres peuvent-ils exister ?

DURMER.

Oui , mon ami.

AIR : *Jeunes amans cueillez des fleurs.*

Nous ne voyons que trop d'enfants ,
Sur-tout chez les gens du grand monde ,
Calculant l'or de leurs parents ,
Oublier leur douleur profonde.

JULIE.

Je suis loin de penser ainsi ,
Eût-il tous les biens en partage :
Les baisers d'un père chéri
Valent mieux que son héritage,

LÉLIO, *avec feu.*

Monsieur , je veux vous suivre. Votre sort peut changer ; une
victoire peut nous rendre l'Italie , ma fortune m'être rendue ; en
attendant , le peu que je possede , ce que mes faibles talens me
procurent , nous le partagerons.

AIR : *Lorsque vous verrez un amant.*

Confiez - vous à l'amitié ,
Ne redoutez pas l'indigence ,
Dans tout nous serons de moitié ,
Ah ! pour moi quelle jouissance !
Oui , vous serez toujours heureux ,
Malgré la fortune traîtresse
Un cœur sensible et généreux
Ne tient - il pas lieu de richesse ?

Quelqu'un s'avance.

JULIE.

Grands Dieux ! si c'étoit ! . . . .

DURMER.

C'est Surinville.

SCENE VIII.

LES PRÉCÉDENS, SURINVILLE.

SURINVILLE.

C'EST moi-même : je reviens sur mes pas, pour vous prévenir que je viens d'être instruit qu'on fait des démarches pour vous faire arrêter ; la main de votre fille, et j'arrange tout.

JULIE.

Qu'entends-je !

DURMER.

Le sort peut m'accabler ; mais me réduire à faire une bassesse, jamais. Je vous l'ai déjà dit, monsieur, ma parole est donnée.

LÉLIO, *vivement.*

Ah ! monsieur, je vous la rends ; acceptez les offres de monsieur ; soyez heureux je saurai subir mon sort.

DURMER.

Brave jeune homme ! cetrait vous fait honneur ; mais il ne change rien à mes dispositions.

JULIE.

Quelque soit le sort qui m'attend ; j'unis ma voix à la sienne.

DURMER.

Laisse, mon enfant, et vous monsieur, cessez vos instances.

SURINVILLE.

Pauvre homme que vous êtes ; voyez donc ce que vous refusez ; vos dettes payées à l'instant même, au lieu qu'en comptant sur monsieur, elles ne le seront de long-temps, puisqu'il ne peut vous être utile que dans *Milan :* parce que les Français ont passé le Mont-Bernard, vous croyez que nous allons conquérir.....

LÉLIO.

L'armée qui a fait un tel prodige est capable de tout

AIR : *Il n'en est point de généreux.*

Du Mont-Bernard, dans un moment,
L'ennemi craint peu le passage ;
Mais, quel est son aveuglement,
Rien n'est impossible au courage :
Des dangers qui lui sont offerts,
Le Français jamais ne murmure ;
On peut vaincre tout l'Univers,
Quand on a vaincu la Nature.

SCENE IX.

LES MÊMES, UN DOMESTIQUE.

LE DOMESTIQUE, *à Durmer*

Monsieur, un colonel de dragons, arrivant à l'instant même, demande à vous parler.

TOUS.

Un colonel de dragons !

SURINVILLE, *à part.*

Si c'était Linval !

DURMER.

Quel espoir ! je cours.....

LE DOMESTIQUE.

Il marche sur mes pas, le voici.   (*Il sort.*)

SCENE X.

LES PRÉCÉDENS, LINVAL.

DURMER.

Linval !

JULIE.

Mon oncle !

LÉLIO.

Mon ami !

SURINVILLE, *à part.*

C'est le diable qui l'envoie.

LINVAL.

Oui, mes amis, c'est moi ; votre ami, votre bon ami : quel plaisir j'éprouve à vous revoir !

JULIE.

Par quel prodige !

LELIO.

Tu nous es rendu !

LINVAL.

Oui, moi et tous mes camarades ; ton pays est délivré, tes biens te sont rendus.

LELIO, *avec transport à Durmer.*

Mon père ! tous vos maux sont finis ; mais par quel bonheur !

LINVAL.

Je ne pourrais qu'imparfaitement vous faire le récit de cette journée mémorable ; la gloire du nom français ! qu'il vous suffise de savoir qu'animés du même esprit que l'homme inimitable qui les commande, tous ont fait des prodiges de valeur.

AIR : *Du pas redoublé de l'infanterie.*

Il falloit voir tous nos soldats,
Conduits par la victoire,
Voler au milieu des combats,
Se disputer la gloire.
J'ai tant de héros à citer
A votre ame charmée,
Qu'il faut pour n'en point excepter,
Nommer toute l'armée.

DURMER, *avec enthousiasme.*

Je suis fier d'être Français ! mais de grace continue.

SURINVILLE, *à part.*

J'enrage.

LINVAL.

Généraux, soldats, tous montrent une égale valeur ; le combat dure trente-six heures ; pendant douze la victoire est incertaine, la charge est ordonnée, le Français donne, l'affaire se decide, l'avantage est à nous. Les préliminaires de paix sont signés : toute l'Italie nous est rendue ; armes, munitions, tout devient notre partage, nos prisons s'ouvrent, nos fers sont brisés.....

LÉLIO.

Eh bien !

LINVAL.

AIR : *Du vaudeville de la clef forée.*

Aussi brave qu'il est humain,
Ne respirant que pour la gloire,
Le soldat s'arrête soudain
Quand il est sûr de la victoire :
Sensible au sort du malheureux,
Sans lui faire sentir ses chaines,
Le Français toujours généreux
Met son ennemi hors de *Gênes.*

LÉLIO.

Que de reconnoissance on doit avoir pour les braves guerriers qui ont concouru au succès de cette journée.

JULIE.

Puisse notre espoir n'être pas trompé, et puissions-nous avoir la paix !

DURMER.

N'en doutez pas, mon enfant, tout dit à mon cœur :

AIR : *Aimé de la belle Ninon.*

Que par leurs efforts généreux
Nous verrons bientôt en France,
Devenus à jamais heureux,
Renaître par-tout l'abondance.
La paix terminant nos malheurs,
Rendant à nos cœurs l'espérance,
Nous pourrons, à nos bienfaiteurs;
Prouver notre reconnoissance.

N'êtes-vous pas de mon avis, monsieur Surinville !

SURINVILLE.

Certainement, monsieur, certainement.

JULIE, *à Linval.*

Vous arrivez à propos, nos malheurs étoient au comble.

LINVAL, *à Durmer.*

Comment ! tes affaires ne sont point encore arrangées ?

SURINVILLE, *à part.*

Aye ! aye ! tout va se découvrir.

DURMER, *à Linval.*

Eh ! comment le seroient-elles ?

LINVAL.

Mes lettres ont dû te mettre au courant.....

LÉLIO.

Quel soupçon !

LINNAL.

Je t'en ai écrit plusieurs dans lesquelles je t'apprenois que j'ai mis
à ta disposition, pour payer tes créanciers, une somme d'argent
que j'avois chez Surinville, et que si elle n'étoit pas suffisante, mon
bien étoit là.....

DURMER.

Ce procédé ne m'étonne pas de ta part ; mais je n'ai jamais rien
reçu.

LINVAL.

Pour qu'elles te parvinssent plus sûrement, je te les avois adres-
sées chez Surinville.

JULIE.

Je me doute du fait.

LINVAL, *à Surinville*.

Comment ! est-ce que ?...

SURINVILLE, *confus*.

Pardon , monsieur.... je dois vous.... avouer que..... l'amour.....

LINVAL.

Comment l'amour ! que signifie tout ceci : daignerez-vous m'ex-pliquer ?....

DÉLIO.

Je crois pouvoir l'instruire ; monsieur, amoureux de l'aimable Julie , a voulu forcer son père à faire son bonheur , en prolongeant sa situation douloureuse.

DURMER.

Et cet honnête homme se seroit fait , avec ton argent, un mérite de ton action généreuse.

JULIE.

Quel procédé !

LINVAL.

Cette action est d'une ame bien peu délicate ! laissez-nous monsieur ; nous nous verrons demain pour la dernière fois , je passerai chez vous pour régler mes comptes.

SURINVILLE.

Monsieur, daignez.....

LINVAL.

Faut-il vous le répéter ! laissez-nous.

(*Surinville sort confus.*)

SCENE XI, et dernière.

LES MÊMES, excepté Surinville.

LINVAL.

Allons, mes amis, oubliez tous vos chagrins, et la perfidie de Surinville : tous vos malheurs sont finis, puisque vous me voyez. Que Lélio épouse Julie.

DURMER, *les unissant*.

Et ne formons plus qu'une même famille.

LÉLIO ET JULIE.

O mon père ! ô mon ami !

DURMER

DURMER.

Célébrons l'heureuse journée qui nous donne l'espoir d'une paix prochaine.

LINVAL.

Et jettons quelques fleurs sur la tombé du célèbre et malheureux Desaix.

LÉLIO.

Quoi, ce grand général !....

LINVAL.

Est mort couvert de blessures, à la tête des troupes qu'il menoit à la victoire.

DURMER.

Quel malheur !

LINVAL.

Aussi modeste que grand Général « *Je meurs*, dit – il, *avec le seul regret de n'avoir pas assez fait pour vivre dans la postérité.* »

DURMER.

Il se rendoit bien peu justice.

AIR : *Du vaudeville de l'Isle des femmes.*

Pouvoit – il rester ignoré ?
Quand par ses talents, sa vaillance,
Dès long – temps, il a préparé
Les brillants succès de la France.
Héros justement remarqué,
Je soutiens que pour lui la gloire
Près de Turenne, aura marqué
Sa place au temple de mémoire.

LINVAL.

Ecartons ce souvenir douloureux.

JULIE.

Et ne pensons qu'au bonheur qui nous rassemble.

VAUDEVILLE.

AIR : *Du vaudeville du Petit Jockey.*

DURMER.

Mes enfants, que votre bonheur
Soit toujours pur et sans nuage ;
Tout, de votre constante ardeur
Me donne ici l'heureux présage.
Je vous unis en ce moment,
Au plaisir mon ame est rendue,
Nous devons cet événement
A la Nouvelle Inattendue.

LÉLIO.

Nous ne pourrons jamais prouver
Dans ces lieux la reconnoissance,
Que notre cœur doit éprouver
Pour tous les sauveurs de la France.
Espérons que, par ce succès,
La paix va nous être rendue :
Rien ne nous sera désormais
Une Nouvelle Inattendue.

LINVAL.

Qu'on ne parle plus de partis,
Qu'on ne parle plus de vengeance ;
Que la gaîté, les jeux, les ris
Renaissent par toute la France ;
Et qu'à son antique splendeur,
L'Europe la voyant rendue :
Connoisse enfin notre valeur
Par la Nouvelle Inattendue.

JULIE, *au public.*

Pour peindre le succès flatteur,
Qui nous rend tous à l'espérance,
Il falloit un art enchanteur,
Qu'on acquiert avec peu d'aisance.
Si de l'auteur, en ce moment,
La peine ici n'est point perdue ;
C'est, pour son cœur assurément,
Une Nouvelle Inattendue.

FIN.